Für dich
meine Liebe

Spiele mir auf meiner Flöte

Minnepoesie
aus dem
21. Jahrhundert

Giovanni Vandani

Bibliografische Information der Deutschen Nationalbibliothek:
Die Deutsche Nationalbibliothek verzeichnet diese Publikation in der
Deutschen Nationalbibliografie; detaillierte bibliografische Daten sind
im Internet über http://dnb.dnb.de abrufbar.

Herstellung & Verlag:
BoD - Books on Demand, Norderstedt

ISBN: 978-3-7534-2601-3

Umschlaggestaltung & Illustration: Giovanni Vandani

Belästigung

Bitte
verzeih
dass ich
schon wieder
dich belästige
mit meinen Worten
und Gefühlen

Es ist nicht deine Welt
schon gar nicht
im Moment
doch steckt's in mir
und muss heraus

Du bist der Grund
dass ich so glühe

Meine Gefühle für dich
sind nichts Böses
sind nur
Gutes
Schönes
Liebes

So nimm sie denn
und heb sie auf
vielleicht wärmen
sie dich
eines Tages

Spiele mir auf meiner Flöte

Spiele mir auf meiner Flöte
eine süße Melodei
spiele bis zur Morgenröte
spiele meine Seele frei

Auch ich kann nicht nur immer geben
heute bin ich leer und müd
spiele, bitte, um mein Leben
bis die Knospe wieder blüht

Morgen will ich es dir danken
und will deinen Hunger stillen
morgen will ich Rosen ranken
und dein Bett mit Blüten füllen

Und dann lass ich deine Knospe sprießen
lass erblühn dein ganzes Tal
will meine Liebe über dich ergießen
kose dich viel tausend Mal

Aber heute spiel auf meiner Flöte
mir das schönste Liebeslied
spiele bis zur Morgenröte
spiele, bis die Flöte glüht

Wenn Gefühle Worte wären

Wenn Gefühle
Worte wären
hätt ich dir
wohl viel
zu sagen
bräuchtest gar nicht
erst zu fragen

könntest kaum
wenn ich dich sehe
meinen Wortschwall
hemmen
und sitzt du erst
neben mir
würd ich dich gänzlich
überschwemmen

Doch stumm
ist mein Gefühl
und meine Liebe
ist nicht laut

Nur auf Papier
mal ich die Worte
und manchmal auch
auf deine
Haut

Gegenüber

Ich sitze dir so gerne
gegenüber
alles was ich an dir sehe
facht mich an
manchmal schau ich
einfach nur
auf deine Finger
die ich dann
ganz unversehens
körperlich
an mir verspüren kann

Ich sehe deine Hand
und fühle
sie umspannt
den Stamm
der langsam wächst und reift
manchmal bin ich davon
so gebannt
dass meine
anstatt deiner
nach ihm greift

Ein andermal
saug ich mich fest
an deinen Lippen
sie sehen blass aus
ich mach sie wieder frisch
ich lecke meine
lechze
und fang an zu nippen
nur in Gedanken
versteht sich

8

denn zwischen uns
da steht
der Tisch

Heute ist es
deine kleine Falte
aus deinem Ausschnitt
zwinkert sie mir neckisch zu
sie atmet
weitet sich und schließt sich
wie die Spalte
an der ich sonst so lustvoll weide
und wonnigliche Dinge tu

Meine Zunge reckt sich schon
zum Tanz
natürlich nur im Geiste
da stehst du auf
und bist dahin
Ich bleib noch sitzen
denn aus meiner Leiste
muss erst die Spannung weichen
und das Blut entfliehn

Verwunschener Garten

Ein verschlossener Garten
bist du mir
meine Liebste

Wie gerne würde ich
täglich
(morgens und abends)
streunen zwischen deinen Hügeln
Furchen und Büschen
schnuppern an deiner Rose
knabbern an deinen Beeren
mich einpflanzen
in das frisch gepflügte Beet
versinken in dir
und im Teich deiner Augen

Doch die Mauer ist hoch
unüberwindlich
und das Tor fest verriegelt

Ein verwunschener Garten
bist du mir geworden
von außen komme ich
nicht mehr hinein

Es muss wohl
einen Geheimgang geben
von innen her
dich zu erobern

Allein
wie find ich den Eingang
und wie
das richtige Wort
das mir diesen Tunnel öffnet
zu dir?

Wanderung

Verzeih
ich bin langsam
und der Weg
ist weit und hügelig
von der Spitze deiner Zehen
bis zum Scheitel deiner Stirn

Das Salz auf deiner Haut
macht meine Lippen durstig

Auf dem Abstieg
das Tal in der Mitte
lädt ein zum Verweilen

Keinen Schritt geh ich weiter
hier bleibe ich
trinke
und
schlürfe

Was hat dich bloß
so
erregt?

Komm

Komm
Geliebte
komm

Mehr mir wünschen
kann ich nicht
doch weniger
auch nicht

Komm
bitte
komm

Geh

Geh
Geliebte
geh
sonst tut es
doppelt
weh

Dich
nur körperlich
zu spüren
ohne doch
dein Herz
zu rühren
ist
als würd ich
doppelt
sterben

darum geh
Geliebte
geh
dann tut's
nicht ganz
so weh

Standby

Du meintest
wir bräuchten einmal
eine Pause

Ich kann aber
weder meine Liebe
noch mein Begehren
per Knopfdruck
auf Standby
schalten

Ich lebe ohnehin
schon lange
in der Warteschleife

Bitte warten
bitte hinten anstellen
zuerst bekommen
alle anderen etwas
für dich ist jetzt
leider nichts mehr übrig
bitte warten
bitte hinten anstellen
…

Fusion

Versucht man
zwei Körper zu verschmelzen
braucht man sehr viel Energie

Gelingt es
die Kerne zu verschmelzen
wird enorme Energie freigesetzt

Verbrauchen wir deshalb
soviel Energie
weil es uns nicht gelingt
in unserem Kern
uns
zu verschmelzen?

Meer

Denke ich ans Meer
denke ich an dich
an leidenschaftliche Zweisamkeit
und bittere Einsamkeit
mit dir durchlebt
und durchlitten

spüre die Sonne auf meiner nackten Haut
schmecke das Salz auf deiner
sehe vor mir den rauschenden Morgen
am Strand von K
fühle die sprühende Leidenschaft
in der Gischt von L
und das Wogen unserer Körper
in jener namenlosen Bucht

Aber dann denke ich auch
an vergebliches Warten und Hoffen
Komm, du, komm
oder
Bleib bei mir
in unserer Bucht
an meinem Platz an der Sonne
in der Grotte der weißen Kiesel
nach dem Gewitter
im stummen Nebeneinander
in der Morgenstille von M
an das Liebesnest
das ich für dich bereiten wollte
unter dem Gebüsch
ganz hinten in der Bucht
dann
Komm, du, komm
doch vergeblich

Denke ich ans Meer
erlebe und erleide ich
alle diese Augenblicke noch einmal
das wogende Auf und Ab unserer Liebe
und sehne mich nach
mehr
Meer
mit dir

Unauslöschlich

Alte Kulturen tätowieren sich
die Zugehörigkeit
zu ihrem Volk
ihrem Stamm
ihrer Familie
in die Haut

Die Christen in Ägypten
brennen sich
ein Kreuz aufs Handgelenk
ein Brandmal
wie Schafe einer Herde
Unauslöschlich
unleugbar
ist offenbar
wem sie gehören

Auch heute tätowiert man sich
wohl selten als Bekenntnis
mehr Modegag und Lebensstil

Auch ich bin tätowiert
zwar unsichtbar
doch unauslöschlich
gehöre ich zu dir
bist du ein Teil von mir

Dein Name brennt
unter der Haut
in meinem Herzen
auf der Zunge
oder
du weißt schon
wo
mein Schmerz am größten ist

Niemand kann
die Flamme löschen

Unauslöschlich
bleibst du
eingeschrieben
in mein
Leben

Naheliegend

Meine Seele
lange gesucht
tief verborgen
in meinem Inneren
vergeblich

Heute weiß ich:

Wenn du mich berührst
atmet meine Seele auf

Wenn du mich küsst
tanzt meine Seele in mir

Wenn ich mich an dich schmiege
findet meine Seele Ruhe

Meine Seele
steckt
in meiner Haut

So naheliegend

Farbensammler

Die Farben
die ich sammle
sind heute nur für dich
das Leben und die Welt
sind grau genug

Die Wolken kann ich dir
nicht vom Himmel nehmen

Doch glaube mir
es blühen Blumen
auch im Wüstensand
ich habe sie gesehen

Sie sind der Grund
dass ich
noch
lebe

Ernüchterung

Wir haben versucht
unsere Liebe
nüchtern
zu halten
frei von Kitsch

kein Schatzi-Mausi-Schnuckiputz
kein Morgenkuss mit Zuckerguss
kein Myrtenstrauß, kein rosa Herz
kein Liebeslied voll Herz und Schmerz
kein „Halte mich" im Mondenschein
kein Candlelight, nur wir allein

Jetzt sind wir
ernüchtert
es fehlt uns der Rausch der Sinne
Selbst stumm geworden
fehlen uns die Lieder
die unsere Gefühle zur Sprache bringen
Wir haben keine Rituale
die uns jetzt halten könnten
nicht einmal einen täglichen Kuss

Wir haben dem Zufall
die Regie über unsere Liebe gelassen
Er ist ein lausiger Regisseur

Der Film wird durchfallen

Die schöne Fremde

Komm Einhorn
wir gehen
heute fremd

Denn fremd
geworden
ist mir
meine Liebste

Komm
wir gehen
heut zu ihr
der schönen Fremden

Vielleicht
lässt sie sich
betören
und wird uns
neu
vertraut

Komm
wir gehen zu ihr

Meerjungfrau

Noch immer
bist du schön
meine Verführerin
deine Augen klar wie Wasser
dein Haar so weich und sanft
deine Lippen blass
das Küssen nicht gewohnt
wie gerne ließ' ich sie erblühen
dein Busen schwer
doch liegt er gut in meiner Hand
ich mag ihn
dein Leib noch immer
jugendlich geschmeidig
die Hüften runder
deinen kessen Knochen
vermiss ich lange schon

Doch dann
Fischweib
ziehst du mich in die Tiefe
und entwindest dich
mir schwinden die Sinne
ich kann dir nicht folgen

Wie find ich nur
das Zauberwort
das dich erlöst
und
mir
menschlich
macht?

Ich liebe den Sommer

Ich liebe den Sommer
die langen Tage
die kurzen Röcke
den Überschwang der Hormone
die glücklichen Paare
die lauen Abende
die heißen Nächte

Halt!

Ich habe den Sommer geliebt
die langen Tage
die kurzen Röcke
den Überschwang der Hormone
die glücklichen Paare
die lauen Abende
als die Nächte noch heißer waren

Doch nun

Ich hasse den Sommer
die langen Tage
die kurzen Röcke
den Überschwang der Hormone
die glücklichen Paare
die lauen Abende
weil meine Nächte
so kalt geworden sind

Ein Lob auf die Erotik

Erotik
ist der Jazz
in der Vielfalt
der Partituren
von Beziehungen

Erotik
lässt Platz
für Fantasie und Improvisation

Erotik
funktioniert nur
als aktives Zusammenspiel
freut sich am Solo des anderen
greift es auf
entwickelt es zum eigenen Solo
hat Platz für Schräges
und für Dissonanzen
und findet am Ende doch immer
den gemeinsamen Akkord

Und
wenn auch an den Haaren herbeigezogen:

Erotik
klingt für mich
auch nach „Erröten"
nach Unschuld und Verlockung

Darf ich's wagen
das Unbekannte
doch Geahnte
und Ersehnte
zu denken
und zu sagen
gar zu tun?

Verwechselt mir Erotik nicht
mit Sex und Pornographie
Erotik ist nach Liebe
das meist missbrauchte Wort
auf dieser Welt

Nein
ich lasse mir die
EROTIK
nicht kaputt machen

Es lebe die Erotik!

Ackern

Der Acker
ist schon längst
bestellt
hoch gewachsen
sind die Triebe
hier
in diesem Feld
fern
von aller Welt
schenke ich dir
heute
meine Liebe

Ich hab auch
eine Decke mitgebracht
du sollst nicht
kühle liegen
wenn wir uns hier
am Rand der Nacht
umarmend
ineinander schmiegen

Billig war der Wein
doch kostbar
ist mir
diese Stunde

Komm
schenk ein
schenk ein
und lass den Wein
dann gehen
von Mund
zu Munde

Trunken
mehr als von dem Wein
bin ich
von dir
und deiner Liebe

Komm
schenk ein
und schenke wieder ein
und in diesem
Rausch der Sinne
schlafen wir
wohl hier
dann
ein

Insomnia

Schlaflos
liegt sie da
ihr Kopf arbeitet schwer:
Schläft er?
Wie wird das weitergehen
mit ihm
mit uns
mit den Kindern
mit dem Geld
mit den vielen offenen Baustellen
mit den Problemen all der Menschen
für die ich mich verantwortlich fühle?

Alles wird mir zuviel
und ich stehe ganz alleine da

Schlaflos
liegt er da
sein Bauch arbeitet schwer:
Schläft sie?
Liebt sie mich?
Warum merkt sie dann nicht
wie ich glühe und mich nach ihr sehne?
Hat sie sich jetzt gar bewegt
kommt ihre Hand mir ein Stück näher?
Ich möchte sie berühren
doch nicht wecken
Komm doch näher
nur ein kleines Stück
alles an mir
streckt sich dir ja schon entgegen

Ich verbrenne vor Verlangen
und liege ganz alleine da

Irgendwann schläft er ein
weil sich ja doch nichts bewegt
im Bett neben ihm
eine Handbreit entfernt
und doch unendlich weit

Irgendwann steht sie auf
frustriert
weil sie doch
keinen Schlaf mehr finden kann
und keine Antwort auf ihre Fragen
und er neben ihr
schläft tief und fest und laut

Irgendwann wacht er auf
frustriert
weil das Bett neben ihm
kalt und leer ist
und seine Sehnsucht
wieder einmal
unerfüllt

Ein schlafloser Kopf
und ein schlafloser Bauch
Wer löst die Ungleichung auf?

Scheiß Sprachlosigkeit

Immer wieder
überfordern wir uns gegenseitig
mit unseren Erwartungen
des rechten Wortes
der rechten Tat

Zu erraten
was im Augenblick
für den anderen
das Rechte wäre
ist unheimlich schwer

Zu sagen
was im Augenblick
für mich
das Selbstverständliche wäre
ist unheimlich schwer

So bleiben wir
einander
nichts schuldig
an unausgesprochenen Erwartungen
und machen uns selbst
das Leben
unheimlich schwer

Regelmäßig
scheitern wir
souverän
an der Hürde
Sprache

Erinnerungen

Was waren das für Zeiten
als du im Schlaf
dich an mich schmiegtest
als du mich
den allezeit Bereiten
sanft
in deinen Armen wiegtest

als wir uns am hellen Tag
umarmten
und uns fallen ließen
mitten im Olivenhag
ließen wir die Knospen sprießen

Auf der Fahrt war meine Hand
gefährlich nah
an deinem Schoße
deine fand sich unverwandt
in meiner prall gefüllten Hose

Heute noch
wenn ich darüber sinne
lassen mich die Bilder glühen
dankbar und voll Sehnsucht
halt ich inne:
Wir mir so viel Glück
noch einmal blühen?

Ja
wir waren damals jünger
unbeschwert und ohne Sorgen
doch mein Begehren
ist um nichts geringer
so wie damals
heut und morgen

Alles an mir sehnt sich nach dir

Meine Augen sehnen sich nach dir
möchten dich berühren
dein Gesicht, deine Gestalt
kannst du sie an dir verspüren?

Meine Nase möchte atmen
den Duft von deiner Haut
manchmal riechst du nach Lavendel
und auch sonst mir sehr vertraut

Mein Ohr möchte ich legen
an dein Herz, an deine Brust
dein Herz schlägt schneller als das meine
ist dir das bewusst?

Meine Zunge möchte schmecken
deine Lippen und noch mehr
deinen Honig, deine Würze
den Geschmack nach Wind und Meer

Meine Finger sehnen sich nach dir
dich zu streicheln, zu umfangen
und schließlich erglühn zu lassen
ist ihr stürmisches Verlangen

Meine Seele möchte ganz
in Harmonie mit deiner schwingen
glücklich möchte ich dich machen
Wird mir das gelingen?

Mein Herz schlägt freudig schneller
wenn ich deine Nähe fühle
aber manchmal wird mir bange:
Woher kommt nur deine Kühle?

Auch alles andere an mir
du siehst es ja
streckt sich aus nach dir

Darf mein Sehnen auf Erfüllung hoffen?
Ach, Liebste
was gäbe ich dafür

Kühne Forderung

Du hast mir einst
dein Herz geschenkt

Geschenktes
gibt man nicht zurück

Im Gegenteil:
Ich bin so frei
und ford're auch
den Rest
vom Glück

Hormone

Hormone hin
Hormone her
du bist der Grund
dass ich begehr
du bist das Ziel
du bist es wert
Ich liebe dich
und ich begehr
Hormone hin
Hormone her

Schlafe, meine Süße

Schlafe, meine Süße, schlafe
schlafe tief und schlafe gut
schlafe, ich will für dich wachen
ich bin für dich auf der Hut

Dass kein böser Traum dich schrecke
hüll ich dich mit Küssen ein
dass kein böser Mann dich wecke
will ich dir ganz nahe sein

Schlafe, meine Süße, schlafe
während ich mich in dich schmiege
und in sanftem Rhythmus dich
in eine süße Traumwelt wiege

wo wir zwei alleine sind
uns lieben wie in jungen Tagen
stürmisch, zärtlich, und für alles blind
was da ist an ungelösten Fragen

Schlafe, meine Süße, schlafe
ich will wärmend um dich sein
bis der neue Tag erwacht
bis zum hellen Sonnenschein

Lass den neuen Tag nur kommen
Wenn es nichts gibt, was uns trennt
sind wir schon dem Tod entronnen
selbst, wenn unsre Erde brennt

Schlafe, meine Süße, schlafe
wenn ich nun tief in dir ruh
Schlafend so mit dir vereint
mach auch ich die Augen zu

Geschenk

Was ich mir wünsche
als Geschenk?

Nichts weniger
als dich

Weihnachten
Ostern
und Geburtstag
so wie jeden Tag im Jahr

Verpackung
nebensächlich

Komm
so wie du bist

Ich pack dich ohnehin
gleich aus

Urlaubsnachlese

Du kommst von weit
du kommst vom Meer
wir haben Zeit
komm zu mir her

Ich will dich schlecken
um zu schmecken
das Meer
in allen Poren
deiner Haut

Du riechst
mir so vertraut
und schmeckst nach
mehr

Komm zu mir her
wir haben Zeit
hol mich ins Meer
es ist nicht weit

Hey, mein braunes Mädchen

Bitte, verzeih
(wieder einmal)
dass ich an dir
nur Salz gesucht hab
und das Meer
und nicht gesehn
dass du mir
Sonne
mitgebracht

In Komplimenten
bin ich echt
nicht gut

Nachtwanderer

Habe ich dir eigentlich
schon einmal erzählt
was als süßeste Erinnerung
mich in dunklen Stunden hält?

Ich lag hinter dir
du schliefst
doch Giovanni war hellwach
und wollte wandern
und so machte er sich auf den Weg
nachtblind
traumwandlerisch
zielsicher

Um dich nicht zu wecken
ging er ganz
ganz leise
schlich
kroch
durch das Dunkel der Nacht

Der Weg war nicht weit
nahe das Ziel
doch brauchte er eine halbe Ewigkeit
Millimeter für Millimeter
sich vorwärts tastend
immer lauschend auf deinen Atem

Dann endlich
nach langer nächtlicher Wanderung
stand er am Tor

Ein Schritt noch

Da war's um ihn
geschehen

Wer kann diese Welt noch retten?

Die wahren Ekstasen und Tragödien
Siege und Niederlagen
finden nicht auf den Schlachtfeldern dieser Welt
sondern tagtäglich in den Häusern und Betten
der Menschen statt

So betrachtet
ist unser Konflikt noch kein Weltkrieg
und doch
bekommt meine Welt Risse
gerät mein Leben aus den Fugen
stürzt der Himmel über mir zusammen

Wenn wir zwei
du und ich
es nicht schaffen
unser Miteinander
in Liebe und Harmonie zu gestalten
wer kann dann
diese Welt
noch retten?

Es liegt an uns

Maßgeschneidert

Liegt er nicht gut
in deiner Hand
wie geschaffen
nur für dich
maßgeschneidert
sozusagen

Sag doch selber
du bist ja vom Fach

Es fühlt sich gut an
wie du mich umfasst

Sei so frei
und greif nur herzhaft zu
ich bin zu haben

Ein großes Danke
meinem Schneider

Lavendel

Der Wind hat den Duft
von Lavendel
zu mir getragen
weiß der Himmel
woher

Du liegst in der Luft
umschwebst mich
umhüllst mich
ich atme dich ein
möcht bei dir sein

Weiß der Himmel woher
du kommst im Lavendel
und kommst heut vom Meer

Wie geil
ist doch dieser Tag

Heimkommen

Kommst du
nicht auch gern heim
und möchtest
in die Arme sinken
einem
der schon
auf dich wartet
einem
der dich mag
einem
der dich herzt
und der dich fragt:
Wie war dein Tag?

Kommst du
nicht auch gern heim
und sehnst dich
nach der Wärme
von einem
der schon deiner harrt
von einem
der dich sieht
von einem
der dich küsst
und der dich
an sich zieht

Kommst du
nicht auch gern heim
und möchtest
dich gern fallen lassen
auf einen
der vor Sehnsucht brennt
auf einen
der dich liebt
der sich
auf deine Nähe freut
und der sich
an dich schmiegt

Lass uns bunt die Liebe leben

Eines sollst du wissen
Was auch kommt
ich liebe dich

Und ich weiß
Liebe
das ist nicht nur Honigschlecken
und wie alle diese Spiele heißen

Liebe
ist auch Ernst
Liebe
ist auch Leiden
Das kommt ohnehin
von selbst

Umso wichtiger
dass wir die Freude
und das Spielen nicht verlernen
dass uns unsere Liebe
nicht grau und farblos wird

Lass uns bunt
die Liebe leben
immer wieder lernen
uns einander
hinzugeben

Fantasie entfalten
Freude, Lust, Begeisterung
Liebe ist nichts für die Alten
Liebe macht uns wieder jung

Wenn der Körper dann verfällt
ist's Liebe
die uns am Ende hält

Virtuelle Küsse

Ich liebe deine SMS
denn da gibt's
was auch die Botschaft sei
am Ende
jedes Mal ein „Bussi"

Und meine Fantasie
ist stark genug
diesen virtuellen Kuss
in einen analogen umzuwandeln

Manchmal reicht die Auflösung
sogar
für einen fetten Zungenkuss

Und den schick ich
postwendend retour

Bussi
auch für dich

Rundungen

Mich reizen
deine Rundungen
ich liebe es
wenn meine Hände gleiten
meine Finger wandern

rund um deine Kurven
über deine Wölbungen und Berge
die kleinen Knospen und Erhebungen
die weichen Kissen
den samtenen Hügel
die satten Backen
und die festen Schenkel

und in diese Wunderlandschaft eingebettet
die zarten Wülste und die feuchte Rinne
die unscheinbare Perle
der enge Tunnel
und das Gewölbe in der Tiefe

Mich reizen deine
Rundungen
ich liebe es
wenn meine Hände
meine Finger
tasten
wandern
gleiten

Feinschlecker

Neulich gelesen:
Oliven und Austern
schlürft man
am besten
mit Champagner

Leisten wir uns
einmal
so ein
Feinschleckerdiner?

Reiche Olivenernte

Sieh doch
die Olive
ist schon reif
Schüttle doch
den Baum

Und du
rüttelst
und schüttelst
bis die eine
reife
pralle Olive
von der Spitze
des Baumes
sich löst
und am Boden
in tausend kleine Oliven
zerbirst

Gerne hätte ich
den Traum
zu Ende geträumt

Dein Rütteln und Schütteln
hat mich geweckt

Es war besser
als jeder Traum

Meine Sehnsucht hat heut frei

Ich will heute
nichts
von dir erwarten
meine Sehnsucht
hat heut frei
Komm her zu mir
und lass dich
einfach halten
ich denk mir heute
nichts
dabei

Sei müd
und lass dich einfach fallen
ruh dich aus an meiner Brust
du bist mir lieb
die Liebste unter allen
aus purer Liebe
lass dich an mich drücken
nicht aus Begehren
oder Lust

Ich will heute
nichts
von dir erwarten
meine Sehnsucht
hat heut frei
Komm her zu mir
und lass dich
einfach halten
ich denk mir heute
nichts
dabei

Durst

Am Brunnenrand sitzend
sehe ich tief unter mir
das Wasser
das funkelt und glänzt

Mein Durst ist groß
ich verbrenne
voll Sehnsucht
strecke ich mich aus
nach dem Wasser
tief unten
das funkelt und glänzt

Es ist unerreichbar
ich wachse und wachse
dem Wasser entgegen
vergeblich
das tief unter mir
funkelt und glänzt

Ich stürze
ich falle
dem Wasser entgegen
Wirst du mich umfangen
und stillen den Durst
und löschen die Flamme
oder bist du nur ein Trugbild
tief unten
das funkelt und glänzt?

Ironie des Schicksals

Zum Erotikfotografen
hat es nicht gereicht
dazu
verzeih
warst du mir nicht
die rechte Muse

Doch meine Gedanken
fachst du an
legst mir Worte
Ironie des Schicksals
in mein Herz
und machst mich
so
zum Dichter

Bittersüße Minne

Schöne Vrouwe, sei mir gut
dass ich wieder dich gewinne
lösche meine hehre Glut
mit deiner bittersüßen Minne

Ach, verloren gingst du mir
auf unsrer langen Reise
und nun such ich für und für
wer den Weg zu dir mir weise

Hat ein grimmer Drache gar
dich in Eisen eingeschlossen?
Muss ich, aller Hoffnung bar
sehen, wie dein Lieb verflossen?

Hat ein böser Zauber dich
versteinert und gebannt
und am Ende gar auch mich
zu solchem bittern Los verdammt?

Heiß fließen meine Zähren
ich taste durch die dunkle Nacht
blind vor Sehnsucht und Begehren
Was hast du nur aus mir gemacht?

Ach, was gäbe ich darein
dass ich dich wieder finde
möcht wieder dein Gespiele sein
im Schatten unsrer alten Linde

Ach, dass doch dein süßer Born
wieder für mich fließe
frei möchte mein heißer Sporn
entfliehen dem Verliese

Ach, verloren gingst du mir
Wie kann ich dich wieder finden?
Verschlossen ist mir deine Tür
Kann ich den Schlüssel dir entwinden?

Schöne Vrouwe, sei mir gut
dass ich wieder dich gewinne
lösche meine hehre Glut
mit deiner bittersüßen Minne

Letzte Sommernacht

Heute ist noch einmal eine Nacht
wie in diesem Sommer
dann wohl keine mehr
so lau
und für die Liebe wie gemacht
komm
leg dich nur einmal
zu mir her

Dann reden wir
und lachen
trinken Wein
und lieben uns
bis in den frühen Morgen
lass uns einfach
glücklich sein
unbeschwert
und ohne Sorgen

Der Mond da oben
schaut uns zu
ein stiller Zeuge
doch verschwiegen
seit Jahrmillionen
ist für ihn tabu
wie vielfältig
sich Menschen
lieben

Komm
lass uns diese Nacht
genießen
als sei's die letzte
unsres Lebens

ach
meine Tränen fließen
du bist nicht hier
so träum ich
wohl vergebens

Dann kommst du doch
und mit dir kommt
die Liebe
in mir
und an mir
steigt die Freude hoch
ach
dass die Zeit
doch stehen bliebe

Der Mond
hat sich
dezent zurückgezogen
nur die Sterne
sehn verschämt
aus weiter Ferne
wie unsre Körper
drunt im Schein des Feuers
wogen

So hätt ich's mir gewünscht
doch kommt's nicht so
du kommst
doch weiterhin verschlossen
bleibt dein Garten
doch wirkst du glücklich
und das macht mich froh
ich werde weiter
auf dich
warten

KLeine Nachtmusik

Ich stelle mir vor

Unser kleines
Kammerkonzert
auf Film gebannt
in Zeitlupe
sehe ich nun
gespannt

wie deine Hand
die Flöte greift
das Futteral
nach unten streift
wie deine Zunge
deine Lippen netzt
und du
zum ersten Ton ansetzt
wie deine Zunge
das Mundstück umfließt
bevor du es
in deine Lippen schließt

Der erste Ton erklingt
ein Ah
hingehaucht an deine Pforte
Es ist das Hauptmotiv
und steigert sich
im Lauf des Spiels
vom Pianissimo zum Forte

Auch das Tempo
dieses Satzes variiert
vom Largo
zum freudigen Allegro
mit Trillern reich verziert

Mit deinen Lippen
und mit deiner Zunge
formst du süßes Getön
unter die vielen Ah
mischt sich ein Es
ist so schön
ein paar Triller
zu guter Letzt
auf der Flöte
sehr präzis gesetzt
dann ist es wieder da
ein langes gutturales Ah

Das ist noch nicht
der Schlussakkord
die Spannung bleibt bestehn
das Spiel
wird weitergehn

Der zweite Satz beginnt
eine gestrichene Fuge
ein Adagio
luftig leicht
bei dem behutsam meine Hand
deine zarten Saiten streicht

dazu neckische Pizzicati
mit meinen Fingern
das Spiel an der Harfe
vivace crescendo
die Oboe d'amore
dann wieder dolce
und lento

Und dann streiche ich
mit meinem
straff gespannten Bogen
über dieses wundervolle
Instrument
der ganze Corpus
wird mit einbezogen

Experimentalmusik
Improvisation
eine kleine Fantasie
in diesem Rondo amoroso
vor dem letzten Satz:
Finale furioso

Was nun folgt
in unserm Kabinett
ist ein Duett

Reich instrumentiert
fordert es vollen Einsatz
von Mund und Händen
am Doppelrohrblatt
an den Zungen
an den hellen Glöckchen
und an allen Enden

an der Flöte
der Harfe
selbst Dudelsack
und Maultrommel
sind mit im Spiel
es ist ein
Saugen und Blasen
ein Zupfen und Streichen
auf allen Saiten
ein eigener Stil

ein Schwingen
ein Auf und Ab
und Ineinander
ein Wogen und Schwellen
mal stürmisch
mal sacht
ein Rhythmus
hin zum Prestissimo
und schließlich Verebben
der Töne
des Schlussakkords
in stiller Nacht

Kein Applaus brandet auf
Schweigen ringsum
Es löst sich die Spannung
so liegen wir nun
Komponisten
und Ausführende
in diesem Stück
uns in den Armen
in stillem Glück

Blusig

Warum bin ich denn heute
gar so bluesig?
Ich wünschte
jemand säße
neben mir
du
in deren Weiche
ich mich schmiegte
und der ich gerne
mit der Hand
unter die Bluse führ'

Ich schälte
deine Brüste
aus dem Panzer
und knöpfte langsam
deine Bluse auf
dann ließ' ich mich
in diese Kissen sinken
und nähme
ihren Dufthauch
in mich auf

Ich legte meinen Arm
um deine Hüften
und zöge dich dann
ganz fest zu mir hin
die Wölbung meiner Hose
presste ich
an deine Schenkel
sodass du spürtest
wie erregt
ich bin

Dann wiegte ich mich
sanft
an deinem Busen
und zöge
dir die Bluse
gänzlich aus
ich öffnete mir
den Verschluss der Hose
und ließe
meinen Vogel
endlich raus

Dann kreiste ich
die Hüften
und ich drückte
mit meiner Bluesgitarre
mich
ganz fest an dich
den Rest ließe ich
einfach nur geschehen
egal
ob etwas käme
oder nicht

Warum bin ich denn heute
gar so bluesig
warum träum ich mich da
so konjunktivisch rein?
Weil ich leider
wieder mal
nichts tun kann
als nur träumen
denn leider bin ich
wieder mal
allein

Dein Haar

Dein Haar
war das Erste
das ich in dieser Nacht
von dir
zu schmecken
bekam

Sein Duft
war mir nahe
ich habe mich
an dich
herangesogen
er hat mich
näher
und näher
zu dir
herangezogen

eine Strähne
verirrte sich
in meinen Mund
ich hab sie
geschmeckt
hab an ihr
geleckt
sie war mir
kostbar
in dieser Stund

Dick isoliert
durch Decke
und Hemd
war deine Schulter
ich habe mich
durch diese Hürde
hindurchgestreichelt
näher und näher
tiefer und tiefer
hab ich mich
an dich
herangeschmeichelt

Dein Haar
war das Erste
das ich in dieser Nacht
von dir
zu schmecken
bekam

es sollte
das Letzte
nicht sein

Liebe zu dritt

Machst du mit?
Heut lieben wir
zu dritt

Ich hab dir jemand
mitgebracht
er ist mein Freund
vertraut mir
schon seit jungen Tagen
und hat schon vieles
mitgemacht

Komm her, Giovanni
zeig dich meiner Liebsten
sieh nur
wie ihr Auge lacht

Schelmin
Ich hab mir's fast gedacht
auch sie ist nicht allein
ihre kleine Freundin
ist schon
aufgewacht
und hat ihren
süßen Honigseim
für uns beide
mitgebracht

Hei
das wird eine
Nacht

Heile mich

Du bist der Grund
meiner Gefühle
machst mich fiebrig heiß
trotz deiner Kühle
machst mich krank
vor lauter Sehnen
mein Herz
und meine Augen
tränen
blind bin ich
voller Begehren
und Verlangen
heile mich
sonst bleibe ich
in tiefer Nacht
gefangen

Goldgräber

Reden ist
Silber
Schweigen ist
Blei

Werden wir
die Goldader
finden
die uns beide
erlöst?

Wenn du mich liebst

Wenn du
mich liebst
ist alles
wieder gut

wenn du
mich liebst
sind meine Nächte
etwas heller

ich fass zum Leben
neuen Mut
und mein Herz
schlägt
einen Bruchteil
schneller

wenn du
mich liebst

Sphinx

Du kommst über mich
wie Feuer
stark
wie eine Löwin
brüllst
ich erstarre
und bin zugleich
erregt

Du machst mich heiß
raubst mir den Atem
ich bringe kein Wort heraus
nur Gestammel
wie eben jetzt

Und ebenso
wie mich dein Kommen
überfällt
mit Feuer
reißt
dein stilles Verschwinden
ein tiefes Loch
in mich

Warum
kommst du mir
so heiß und so eisig
so sprühend und unnahbar
so erregend und lähmend
zugleich
du geheimnisvolle
du geliebte
Sphinx

Glühwürmchen

Das Glühwürmchen
fliegt und schaut
Wo ist nur
meine Braut?

Die Braut
wartet jede Nacht
ihr Bett
ist schon gemacht

Glühwürmchen, fliege
sieh, wo ich liege

Glühwürmchen, gleite
mir an meine Seite

Glühwürmchen, stürze
dich auf meine Würze

Glühwürmchen, ich leuchte
dir heim zu meiner Feuchte

Glühwürmchen, fein
ich will dein Liebchen sein

Und jetzt kommst du
auf mich im Sturm
doch bist kein Glühwürmchen
du bist ein Glühwurm

Letzte Nacht geträumt

Letzte Nacht geträumt
von dir
von deinem kleinen Paradies
die schmale Pforte
lockt mich
glänzt
und schimmert feucht
lädt mich ein

Doch wie ich auch suche
und taste
mit meinen Fingern
meiner Zunge
ich finde keinen Einlass
kein Dahinter
nicht einen Spalt

Die Pforte
ist nur Illusion
Bodypainting
in Perfektion

Als ich erwache
halte ich schwer
in meiner Hand
den Schlüssel
der mir dieses Schloss
nicht öffnen
will

Erwachen

Wie gerne würd ich wieder
neben dir erwachen
wir hätten Zeit
und weißt du
was wir zwei dann machen?
Wir lieben uns
ganz einfach so
aus purer Lust und Freud
als schönstem Zeitvertreib

Ich seh dich an
wie schön bist du
Ich deck dich auf
und deck dich dann
mit meinen Küssen wieder zu

Meine Lippen haben
den ersten Hügel schon
erklommen
da blickst du auf
und schaust
noch ganz vom Schlaf benommen

Doch meine Zunge eilt
schon weiter zu dem andern
auch du bist jetzt erwacht
durch deinen Morgentau
zu wandern
ist
was mich selig macht

Ich halte inne
seh dich an
wie schön doch so ein Tag
beginnen kann
Wie schön bist du

Spiel im Dunkel

Schließ deine Augen
lösch das Licht
dass unsre Hände
besser sehen
die im Dunkel
zielgericht'
die längst vertrauten
Wege gehen

Meine wissen ganz genau
wo deine Hügel liegen
die mit sanftem Beben
sich
so rund und weich
entgegenschmiegen

Wie zart
die kleinen Blüten sind
die meine Finger
jetzt umspielen

Doch weiter talwärts
eilen sie geschwind
wo sie
jetzt fiebrig heiß

kreisen
formen
weiten
zucken
zirpen
gleiten

Ach
wie lüstet mich danach

dir Wonne über Wonne
zu bereiten

Gerne würd auch ich
empfinden
was du jetzt wohl
da unten fühlst
dein Feuer muss
viel innerlicher sein
ein Brand unter der Haut
ganz tief hinein

Auch deine Hand
hat längst gefunden
was ihr da entgegen wuchs
Wie Balsam ist
auf Schmerzenswunden
das Feuer
das nun dort erglüht
wo deine Finger

tasten
spielen
greifen
kneten
schmeicheln
streifen

diesen wonniglichen Schauder
kann ich nur fühlen
nicht begreifen
deine Finger
sie sind Flammen
Ich fühle dich
kühle mich

Jeder Blitz
der mich durchzuckt
und durch meinen Körper glüht
meine Sinne schwinden lässt
vor Freude und vor Glück
kehrt
durch die Spitzen meiner Finger
als Feuerstrahl
zu dir zurück

Das Spiel
strebt seiner Höhe zu
du bebst
du stöhnst
du atmest schwer
es ist so weit
vergiss die Zeit

Komm, ja, komm
Geliebte
lass dich fallen
lass dich los
löse dich
doch lös nicht
deine Hand

Gib dich hin
gib dich hin
gib nicht auf
auch ich bin bald bereit

Im Rhythmus
deiner heißen Hand
fühl ich das Blut
durch meine Adern schießen
Ach
wie sie mich
so kraftvoll
und doch zart
umspannt

Es fliegt mein Atem
fliegt mein Geist
bald wird
mein süßer Tau
sich über dich
ergießen

Sehnsuchtsbilder

Gegen die schwarze Nacht
male ich
in hellen Farben
Sehnsuchtsbilder
an die Decke
Bilder von dir
von uns
aus hellen Tagen
die mich durch
manche dürre Strecke
durch Nacht und Kälte
tragen

Heiß und erregend
sind die Bilder
die Erinnerungen und Gefühle
die mich zum Glühen bringen
sie schaffen etwas Wärme
in der Kühle
und können doch
die Einsamkeit
mir nicht bezwingen

Doch nähren sie die Hoffnung
dass die Tage
wieder wärmer werden
die Nächte wieder
zweisam glühen
dass noch ein Sommer wird
auf dieser Erden
in dem uns
Rosen, Amaryllis
Palmen und Oliven
blühen

Ebenbild in Stein

Schau
was ich am Strand
gefunden hab
so handlich
schlank und rund
und wohlgestaltet
so weich geformt
so glatt
und doch Granit

Sag bloß
er erinnert dich
an was

Nun gut
ich leg ihn
vorsorglich
gleich hier
neben das Bett

nur falls du
mich
einmal
vermisst

Begehren

Ich begehre dich
ganz und gar
mit Haut und Haar
mit allen Makeln
Punkten
Falten
du musst dich nicht
für hässlich halten

du bist mir schön
du bist mir gut
so wie du bist
fachst mein Begehren
meine Glut
an
wie du bist

Ich will dich
doch nicht
als mein Hab und Gut
du hast mir
wie es nun mal Liebe tut
dein Herz geschenkt
und ich will auch den Rest
ich will dich ganz
und halte an dir fest

Nicht nur dein Körper ist's
der mich verführt
als Ganze hast du mich
im Innersten berührt
nun komme ich
nicht von dir los
meine Sehnen
dir ganz nah zu sein
ist ungebrochen groß

Du bist mir schön
du bist mir gut
so wie du bist
fachst mein Begehren
meine Glut
an
wie du bist

Bist du es noch

Fremd
bist du mir
und doch
vertraut

Bist du
noch die
die ich
so liebe?

Wie mich heut
dein Auge schaut
wird mir angst
und meine Seele
trübe

Bist du es noch
oder hast du
dich verloren?

Finde dich
finde mich
nur gemeinsam
werden wir
einander
und der Liebe
neu
geboren

Carpe Diem

Gang über einen Friedhof:

Es sterben die Jungen
es sterben die Alten
es sterben die Zipfel
es sterben die Spalten
es sterben die Sünder
und die Gerechten
es sterben, die ein Leben lang
leiden und fechten
es sterben die Gönner
es sterben die Neider
und es sterben leider
die Liebenden
auch

Von Vögeln

Vöglein
fliege
auf und nieder
Vöglein
fliege
ein und aus

fliege
fliege
immer wieder
in das Nest
ins warme Haus

Ich liebe dich erotisch

Ich lieb dich nicht
platonisch
es schiene mir
sehr komisch
dich nur zu lieben
mit dem Geist
doch nicht
mit Fleisch und Blut
drum tu ich
was in solchen Fällen
die Liebe eben tut
und macht's das Leben auch
chaotisch:

Ich liebe dich
erotisch

Ich liebe dich
mit Haut und Haar
ganz und gar
gar und ganz
mit Geist und Seele
und mit meinem
...

(halt eben
ganz)

Kurzes Glück

In diesem klaren Wasser
möchte ich dich heute
lieben
möchte sehen
wie sich unsre Leiber
ineinander fügen
Es kühlt die Glut
und facht sie an zugleich
das nasse Element
in diesem wundervollen Teich

Komm
kleine Nixe
komm
schwimme auf mich zu
ich hasche dich
ich fasse dich
tauche in dich ein
oh, lass mir diesen Augenblick
von ew'ger Dauer sein

Nicht so hastig
nicht so schnell
hab noch Geduld

Zu spät!
Zu kurz
währt dieses Glück
der Augenblick zerfließt
und kommt
nicht mehr
zurück

Der Wasserfall

Das Wasser tost
es tost mein Blut
ach, wie gut
dass du
nicht
bei mir bist
es wär mein
Tod

Nie könnt ich dich
dazu verführen
diese Urgewalt
an deinem Leib
zu spüren

So bleibt das Bild

Mein Trost:
ich lebe

Die Kraft
nehm ich mir mit
es hat für uns
Mutter Natur
gewiss
noch andre
Wege

Meine große Chance

Ich kenne keinen Heiligen
der zuständig wäre
für einen
so verzweifelt
und erotisch
Liebenden

Die keusche Gottesmutter
ist's wohl nicht
und gar nicht erst
ihr Bräutigam
der heil'ge Josef
nicht Sankt Anton
der in der Wüste
mit dem Dämon
der Lust
oft kämpfen musst'

auch nicht Origines
der sich gar selbst entmannte
den man aus der Schar der Heiligen
darum wohl auch verbannte

Sankt Valentin?
Er liebt die Liebenden
doch ob er auch das Feuer kennt
das mich verbrennt?

Kein frommes Ehepaar
und auch kein heiliges Liebespaar
ist mir bekannt
das vor lauter Sehnsucht
selbst verbrannt'

Vielleicht liegt darin
meine große Chance

Reine Liebe

Welche Liebe
ist schon rein
und hat nicht auch
sich selbst im Blick?

Wer liebt
will niemals
einsam sein
und findet erst
im DU
sein Glück

Unsere Galerie

Mit meinen Worten
male ich Bilder
in deinen Kopf
und in dein Herz
Bilder von Glück und Lust
und auch von meinem Schmerz

Ich berge sie in meiner Seele
schon seit vielen, vielen Tagen
nicht länger will ich sie vergraben
will sie
mit meinen Worten
zu dir tragen

Sie sind auch deine

Kennst du sie?
Erkennst du sie?
Liebst du sie?

Erkennst du
dich und mich
in diesen Bildern?
Liebst du
dich und mich
in diesen Bildern?

Es ist eine
bunte Galerie
Wenn du eine Führung brauchst
Ich bin für dich da

Ich denke sinnlich

Ich denke nicht
ich sinne nach
ich denk mit allen Sinnen
mein Denken sitzt nicht oben
flach
mein Denken kommt
von ganz tief drinnen

Die Ratio ist nicht mein Ort
viel länger darum
mein Gedankengang
drum dauert es
bei mir auch lang
vom Sinnen
bist zum Wort

Ich denke sinnlich
und das brachte mich
zum Dichten
ich denke langsam
und ich denke gründlich
ich denk von innen her
aus meinem Grund
und fast von selbst
fügen sich Worte
die so
mir niemals
kämen aus dem
Mund

Frühlingsgefühle

Warum bist du heute
nur so launig?

Mein Herz und
meine Lenden
sind von Liebe
übervoll
Und du weiß doch
Wes das Herz voll ist
des geht der Mund über

Und wie ist das
mit den
Lenden?

Ausgeliefert

Du fesselst mich
es ist doch wahr
ich bin dir
ganz und gar
ausgeliefert
und vor allem
ich bin heute ganz
in deiner Hand
und bin gespannt
und lass mich einfach fallen

Sei mir mild
treib's nicht zu wild
verschone mich mit deinem Grollen

Morgen kommt ein neuer Tag
und dann tauschen wir
die Rollen

Kamasutra

Versuchen wir es heut
einmal im Lotussitz
du musst die Beine
hierher legen
nein, nicht so
das muss doch anders gehen
verflixt
wo hab ich bloß
so etwas
schon einmal gesehen?

Weißt du was
ich lege meinen Arm
ganz einfach so um dich
der Rest ergibt sich
sicherlich
von ganz allein

Und du?

Hast du nicht auch
eine kleine Fantasie?
Es muss nicht gleich
ein ganzes Drehbuch sein
eine Skizze
ein Entwurf
ein Gedanke
reicht

Borg ihn mir
und ich mach
dir daraus
die schönste Liebesnacht

Nichts ist der Liebe fremd
alles ist
oder wird
gut
wenn man es aus Liebe
nichts als reiner Liebe
(und ein bisschen auch
aus Neugier)
tut

Olivia

Gleite mir
Olive
nicht aus meiner Hand
sieh nur
wie ich triefe
ausgezehrt
verbrannt
ausgehungert
glüht mein Sehnen
auf in dir
Olivia
Olivia
ich fiebere
und frier

Es schüttelt mich
ich schüttle dich
es glänzt
dein Öl
und kühlt mich nicht
Olivia
Olivia
ich fiebere
und frier
Olivia
ergieße dich
fließe
brich aus
wie ein Vulkan
Olivia
Olivia
was hab ich nur
getan?

Porno

Ich leg mir jetzt
ein Porno-Abo zu
und schuld
bist du

Erotik fruchtet nicht
bei dir
mich frisst sie auf
und krieg doch nichts dafür

Leichter
wenn auch seichter
ist da schon so'n geiles Ding
mal mit Leder
mal ganz ohne
oder String

vielleicht schreib ich mich auch
in einem Swinger-Club bald ein
dann wird mir leichter sein
vielleicht

und bleib doch
weiter
einsam
und
allein

Das Feuer in der Schale

Die Sterne sind so schön
die in ungeahnten Höh'n
zeitenlos
so wie mir scheint
ihre alten Bahnen ziehn

Das Feuer in der Schale
glimmt noch
ich will es neu
entfachen
setz dich her zu mir
zu schön ist dieser Abend
um allein zu wachen

Halt an die Zeit
halt aus bei mir
sieh doch
wie neugierig
der Mond
dort durch die Blätter
unsres Nussbaums lugt

Zieh dich nicht aus
ich mache es für dich
langsam
Stück für Stück
komm ich
im Schein des Feuers
näher
meinem Glück

Wie schön du leuchtest
so warm
so weich

Ich setz mich
hinter dich
dann kann ich dich umfassen
dann seh ich dich
im Gegenlicht
kann meine Hände
gleiten lassen

Das Feuer in der Schale
glimmt schon
ich will es hell entfachen
leg dich her zu mir
zu schön ist dieser Abend
um es nicht
zu machen

Göttertrank

Es bebt mein Herz
mein Auge leuchtet
nicht Göttern gönn ich diesen Trank
der da aus deinem Kelche feuchtet
nach ihm bin ich vor Sehnen krank

Wie sanft und zart die Blätter sind
die diesen Kelch umschließen
aus dem mir armem Menschenkind
Ambrosia und Nektar fließen

Meine Fühler recken sich
um diese dunkle Tiefe
zu ergründen
ich weiß in dieses Meer
will ich
muss ich
mit meinem heißen Strom
einmünden

Doch erst will ich mich laben
will kosten und genießen
bevor in diese Honigwaben
auch meine Gaben
sich ergießen

Berauscht von diesem Honigschlund
von dem die Lippen triefen
flattern sie auf zu deinem Mund
versenkt mein Stab sich in der tiefen
weichen warmen Schlucht
o Götter, schlagt die Augen nieder
taucht wieder auf aus dieser Bucht
und wieder
immer wieder

und du verschlingst mich
bringst mich
um den Verstand
ich habe nur noch einen Willen
mit meinem Tau
bis an den Rand
den Blütenkelch
zu füllen

Und wieder
immer wieder
tiefer
schneller
tauch ich ein
ein Wonneschauder
fährt durch meine Glieder
bald wird mein Glück
vollkommen
sein

Sprachunterricht

Wir lernen heute eine neue Sprache
und bringen sie uns gegenseitig bei
nur ein paar klassische Vokabel
als minimalen Wortschatz für uns zwei
doch pfeifen wir auf die Grammatik
und ob man alles richtig macht
Hauptsach, es genügt das Bisschen
für eine kleine Reise
durch die Nacht

Wir lernen gern und lernen flott
wir sind
wie man so sagt
schon quasi polyglott

Wenn unser Deutsch
gerade für den Alltag reicht
werden beim Französisch
unsere Zungen richtig leicht
wir parlieren hin
parlieren her
soixante-neuf ist nicht sehr schwer
Hingegen unser Griechisch
ist noch sehr
rudimentär
Schwedisch haben wir gelernt
schon in unseren jungen Tagen
während wir uns mit dem Englisch
doch noch ziemlich plagen
Manchmal mischen sich
auch ein paar Brocken Spanisch
in unsere Sprache ein
Russisch, Italienisch und Albanisch
darf es auch bisweilen sein

So lernten wir im Lauf der Jahre
fast perfekt
unseren eigenen
Sprachmixdialekt

Doch heute muss es
etwas Neues sein
heute machen wir
es ganz exotisch
wir stimmen uns
auf Thailand ein
und das wird
sehr erotisch

Sexy

Du fühlst dich heut
so sexy an
denn du bist frisch rasiert
so glatt wie eine Pflaume
so erschienst du mir im Traume
neulich
wo die Pforte mir verschlossen war
doch heut versperrt auch nicht ein Haar
den Weg
wo meine Finger gleiten

Ja, fass nur her
und staune
ich seh trotz Dunkel
du bist platt
auch ich bin heute glatt

Von Zeit zu Zeit
hab ich auch Lust
und will mich
sexy fühlen
dann müssen
weder meine
noch deine Finger
durchs Gestrüpp
sich wühlen

Wer von uns ist glatter?
Ich wette, das bin ich
Greif her und fühle
dich und mich
Nein
Zeig mir, wo
Ok
die Wette geht an dich

Und jetzt
ein bisschen Öl
dann lass uns
glänzend glatt
aneinander
aufeinander
ineinander
gleiten

Und nächstes Mal
sag es mir
dann rasier
ich dich
und du
darfst mich

Das wird sexy

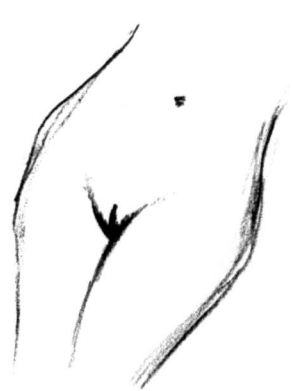

Lustlos

Du sagst
du hast
keine Lust

Ist dir auch bewusst:
manchmal macht man
etwas
nur aus Liebe
nicht aus Pflicht
und nicht aus Lust

Ist denn Liebe
nur eine Frage
von Lust und Laune?

Und nicht auch
Mühen
Ringen
füreinander da zu sein
miteinander Zeit verbringen
in Traurigkeit zu trösten
aus Einsamkeit und Angst befrein
Nähe nicht nur suchen
auch sie schenken
gut vom anderen zu denken

Liebe ist immer mehr
als nur das Eine
das Eine ist nur Stück
nur ganz
schafft Liebe
Glück

Lieben und Leiden

Du bist
nicht nur mein Lieb
und meine Augenweide
du bist es wert
dass ich auch
an dir
leide

Du bist
die Liebe wert
die mich verzehrt
und auch
den Schmerz
so lang er nun
schon währt

Ich liebe dich
und lasse nicht
von dir
und leide ich
so bleibe ich
doch hier

und werde weiter
auf dich warten
auf deine
Liebe
und auf
deinen Garten

Keine Liebe

Was ich
an mir selber
tu
ist keine Liebe
ist nur
Beruhigung der Triebe

Zur Liebe
fehlst mir
du

Noch nicht gesagt

Verzeih
ich hab es dir
noch nicht
gesagt

Das
am Sonntag
war schön
miteinander

Heiße Liebe

Dein Blick vorhin
war so verheißungsvoll
wie deine Augen lang nicht mehr
geleuchtet haben
zwar weiß ich nicht
ob er mir was bedeuten soll
doch freue ich mich schon
auf heute Abend

Die „Heiße Liebe" im Café genieße
derweil ich rechne Zeit und Stunden
ach, dass der Tag doch rasch verfließe
denn richtig heiß
wird mir die Liebe
erst am Abend munden

Ich seh dich an
meine Augen streicheln dein Gesicht
ich häng an deinen Lippen
deinen zarten
wenn du sprichst
wohl noch acht Stunden
muss ich warten

Du streichst mit deiner Hand
eine Strähne hinter deine Ohren
dann fährt sie kurz in deine Bluse
ach
ich wünscht es wäre meine
ich lecke meine Lippen
werde schwach
ich bin verloren
es regt sich was unter dem Tisch
unwillkürlich greife ich mir
zwischen meine Beine

Ich möchte
meine nackten Zehen recken
unter deinem Rock
an deinem Bein
höher gleiten
und sie immer weiter strecken
doch leider sind wir
nicht allein

Neun Stunden später

Es wurde spät
wieder einmal
noch während ich mich frisch mach
schläfst du ein
so ist es nicht das erste Mal
es wird auch nicht das letzte sein

Aber dein Blick
der galt doch mir
er war so voll Versprechen
ließ mich hoffen
Habe ich mich wiederum
getäuscht in dir
bleibt meine Sehnsucht
wieder einmal offen?

Es kommt ein neuer Morgen
nach der Nacht
er wird die Erfüllung schenken
Gott sei Dank
bin ich erwacht
um meinen Sonnenstrahl
zu dir zu lenken

Und dein Blick?
Du weißt nicht
was ich meine
du erinnerst dich an nichts
Bedeutung hatte er wohl keine

O süßer Irrtum
der mir
solch heiße Stunden
hat beschert
voll Sehnsucht
und voll hoffnungsfrohem Warten
und glücklich bin ich
schließlich
dennoch eingekehrt
bei dir
in deinem
wundervollen
Garten

Errötest du?

Ich möchte dich
erröten sehen
wenn du denkst
was ich grad denke
wenn du spürst
was ich empfinde

Deine Wangen
glühen schon

Warte nur
bald glüht
noch viel
viel
mehr

Mein Sonnenstrahl

Ich bin aufgewacht
Es dämmert schon
Du liegst neben mir
und schläfst noch
dein Gesicht ist
von mir abgewandt
dein nackter Arm
mir nah genug
um ihn zu küssen

Lange liege ich
betrachte sinnend
das Bisschen
das ich von dir seh

Langsam wird es heller
ich erkenn das Muster deiner Decke
ich sehe deinen Hals
und deinen Nacken
umspielt von Strähnen deines Haars
Es schimmert matt
der Ansatz deines Busens
nahe deiner Schulter
den Rest verbirgt dein Hemd

Sanft hebt und senkt sich
die Decke unter deinem Atem
ich versuch
in deinen Rhythmus einzustimmen
im Atem bin ich dir vereint

Und langsam
langsam
wird es heller

deine Gestalt unter der Decke
nimmt Konturen an
ein Bein liegt bloß
dein Arm wird plastisch

In das helle Grau
an der Wand
mischt sich ein goldener Fleck
die Sonne ist erwacht
und langsam wandert
dieser Strahl
deinem nackten Bein
entgegen

Mit einem Seufzer
drehst du dich
und wendest mir
nun deinen Rücken zu
nur angedeutet
durch den Wurf der Decke
ahne ich den Schwung
der Hüfte

Ich lasse dir noch Zeit
will deinen Schlaf nicht kürzen
doch dann
ist mein Sonnenstrahl bereit
es ist halb acht
und Zeit dass ich dich wecke
mein Sonnenstrahl
mein Sonnenstrahl
schlüpft zu dir
unter deine Decke

Sehn-Sucht

Ich habe vielleicht
zuviel gesehen
das Paradies stand
für mich offen
weit
nun ist's um meine Ruh
geschehen
ich such
und suche
allezeit

Ich habe dich
berührt
es ging mir tief
unter die Haut
nun brennt in mir
ein Sehnen
so heiß
und so vertraut

Ich habe dich
geatmet
inhaliert
und eingesogen
nun zieht mich
mein Verlangen
in abgrundtiefe
Wogen

Ich habe dich
gekostet
genascht an deinem
Paradies
nun hungere
und dürste ich
nach dem Geschmack
so würzig
süß

Ich hab
das Glück geschaut
in wonnevollen Stunden
ich habe ihm
ein Nest gebaut
das Nest ist leer
der Vogel
ist entschwunden

Warum
ist Glück
so flüchtig
wohin
entfloh es mir?
Weißt du
dass ich
süchtig
bin

nach
dir?

Geständnis

Ich muss dir was gestehen

Ich habe mich verliebt
Es tut mir leid
es ist einfach geschehen
wie es das im Leben
nun mal gibt
ich konnt es nicht verhindern

Wir waren zu viert
in so einem Lokal
ich saß ihr gegenüber
Ich konnte meinen Blick
nicht von ihr wenden
so sehr hat sie mich berührt
dann trafen sich
ganz kurz nur
unsre Blicke
und ich war verführt

Ja, wir haben uns bereits geküsst
und auch das andere
du weißt schon
haben wir getan

Sie ist so ungefähr in deinem Alter
und sieht verdammt gut aus
ich bin nicht sicher
ob du sie wirklich kennst
aber ihr seid euch gewiss
schon begegnet

Leider ist sie verheiratet
mit so einem Typen
den sie
wie's scheint
schon lange nicht mehr liebt

Ich weiß auch nicht
wie diese verworrene Geschichte
weitergehen soll

Bitte
verzeih mir
und glaube mir
ich kann wirklich
nichts dafür
es ist einfach geschehen

Ich habe mich
verliebt

in

dich

Liebestrank

Dein Liebestrank
macht mich krank
Was hast du nur
in deinem Blut
das mir so
wunder tut
das quillt
und quillt
und doch
den Durst
nicht stillt?

Ich neige mich
zu diesem Brunnen hin
versinke fast darin
ich schlürf den Tau
aus deinem Mund
ich leer den Becher
bis zum Grund
und doch
wird meine Begehren
nicht geringer
ich schleck
den letzten Tropfen
mir vom Finger
doch meine Glut
sie steigt und steigt
bis dein Gesicht
sich gütig neigt
mir
ersehnte Kühlung haucht
und mich
in tiefe Gründe taucht

Dein Trank
macht mich
vor Sehnen krank

Was macht
der Tau von mir
der zuletzt
dich netzt
mit dir?

Countdown

Der Honig ist
schon lange abgeschleckt
doch meine Finger
riechen noch nach dir
sofort wird meine Sehnsucht
wieder aufgeweckt
und mein Bedauern:
du bist nicht hier

Es ist heller Vormittag
ich bei der Arbeit
du auf einem Seminar
ich zähle jeden Stundenschlag
in 58 Stunden
bist du wieder da

Eins von diesen Wochenenden
das mich trennt
von dir
ich schnuppere
an meinen Händen
in 48 Stunden
bist du wieder hier

Dein Bett am Abend
kalt und leer
nur deine Decke
riecht nach dir
ich hole sie
nah zu mir her
in 22 Stunden
bist du wieder hier

Das Wochenend ist um
du kommst nach Haus
bist müd
und schläfst
im Stehen ein
das schaut mir nicht
nach Liebe aus
auch heute
bleib ich
wohl allein

Verflüchtigt
hat sich längst
dein Duft
auf meinem Finger
ich zähl nicht mehr
den Stundenschlag
doch meine Sehnsucht
wird um nichts geringer
und mein Begehren
wächst
von Tag zu Tag

Versteckspiel

Ich irre durchs Haus
und suche nach dir
Wo versteckst du dich bloß?
Dein Bett ist leer
warum bist du nicht hier?
Was ist mit uns beiden los?

Du fliehst meine Nähe
das Herz wird mir schwer
weil ich's nicht begreife
und nicht versteh
ich bin nicht der Typ
dem das gleichgültig wär
das ist kein Spiel mehr
denn es tut mir
weh

Ja, meine Sehnsucht
nach dir
ist groß
ich wünschte
dass ich jetzt
nah bei dir wär
und doch bin ich
eigentlich
anspruchslos
ich wünsch mir nur
Nähe
und manchmal
ein klein wenig
mehr

Ich irre durchs Haus
ich rufe und seufze
und suche nach dir
Was ist nur
mit uns
geschehn?
Ich weiß
du kommst wieder
doch nicht
wegen mir
ich grüble
und frage
und kann's nicht
verstehn

Ja
meine Sehnsucht
nach dir
ist groß
ich wünschte
dass ich jetzt
nah bei dir wär
und doch bin ich
eigentlich
anspruchslos
ich wünsch mir nur
Nähe
und manchmal
ein klein wenig
mehr

Sauna

Der Himmel hat's gefügt
man ließ
uns zwei
allein zurück
wen das nicht anturnt
lügt
so nahe liegt
das Liebesglück

Die Körper
sind schon
heiß
ein kleiner Funke
und es sprüht
aus allen Poren
rinnt der Schweiß
es dampft
und mein Begehren
glüht

Ich wage es
und streife sanft
mit meiner Hand
ganz langsam
deinen Fuß entlang
hinauf zum Knie
an deinem
Innenschenkel hoch
bis an den Rand
des Wunderlandes
der Magie

Nur langsam
tastend
komme ich voran
mein Blick
schaut unverwandt
zur Tür
mein Finger
streckt sich
streift
an deiner Pforte an
wie liebe ich
was ich da spür

Der Funke
hat schon längst
gezündet
ich brenne
lichterloh
und was
mein Finger fühlt
verkündet
dir
ergeht es
ebenso

Auch deine Hand
rückt langsam näher
nur nicht zu hastig
stets die Tür
im Blick
damit nicht gar
ein fremder Späher
zerstöre
unser zwiesam
Glück

Es hebt
ein Streifen an
ein Gleiten
nur langsam heute
und sehr leis
uns so vertraut
seit langen Zeiten
und doch war es
noch nie
so
heiß

Es ist erst
Vorspiel
noch nicht Kür
fast lassen wir
die Vorsicht
sein
da öffnet sich
mit Schwung
die Tür
wir sind
nicht mehr
allein

So wie wir

Die Katz ist aus dem Sack
ich schicke meine Worte
auch die
die dir nicht sonders schmecken
auf die Reise
um die Welt

Ich weiß
da draußen gibt es Menschen
denen geht es
so wie mir
und andre gibt es
denen geht's
ein Stück weit
so wie dir

Und manche dieser
an und für sich
grundverschied'nen Wesen
versuchen's miteinander
manchmal glückt es
manchmal geht es schief
sie ringen
so wie wir

Auch ich hab kein Rezept
doch hoffe ich
es hilft
dem einen
und der andern
an unserm Ringen
teilzuhaben

Zuletzt gesagt

Was könnt ich dir
noch sagen
nach all den vielen
Worten?

Was ist
noch nicht gesagt
oder zuwenig noch?

Dies eine nur
Ich lieb dich
doch

Frisch verliebt

Ich glaub, ich habe
in den letzten Tagen
mich frisch
in dich verliebt

Warum?
Ich könnt' es dir nicht sagen
vielleicht nur einfach so
weil es dich gibt

Ich glaub
ich seh dich jetzt
mit andern Augen an
ich seh dein Leiden
seh dein Weh
ich leide mit
und ich versteh
und weiß
auch ich
trag Schuld daran

Ich bet
dass meine Liebe
zu dir
größer sei
groß genug
wenn's sein muss
weiter zu entsagen

und
stark genug
zu tragen
zwei

Inhalt „Spiele mir auf meiner Flöte"

Über das Buch

Giovanni, mit dem Blut des Südens in seinen Adern, erlebt im kühlen Norden die Freuden und Leiden der Liebe. In einer poetischen Sprache voll Sehnsucht und Erotik, die nie ins Vulgäre abgleitet und streckenweise an mittelalterliche Minnelieder angelehnt ist, fasst er seine Erfahrungen von Lust und Ekstase genauso in Worte und sprachliche Bilder wie enttäuschte Erwartungen, erotische Traumfantasien oder Reflexionen über eine nicht immer einfache Beziehung.

Sehnsuchtsvoll, sinnlich, erotisch, nachdenklich und hinterfragend: aus der Entwicklung einer langjährigen Beziehung gewonnene Erfahrungen – anregend in vielerlei Hinsicht.

Gedanken und Worte
die auf den Lippen zerfließen
wie der Tau
aus dem Honigmund
meiner Süßen

Über den Autor

 Giovanni Vandani, Sohn eines Italieners und einer Deutschen, 1964 in Köln geboren, aufgewachsen in Deutschland und Österreich, lebt mit seiner Frau, mit der er seit fast 30 Jahren verbunden ist, nunmehr ganz in Österreich.

<u>In Vorbereitung</u>:
Hast du Lust? (Herbst 2021)

 www.giovannivandani.com